RAPPORT

PRÉSENTÉ AU ROI,

LE 15 AOUT 1815,

ATTRIBUÉ A M. LE DUC D'OTRANTE.

Les formalités ayant été remplies, je déclare que je poursuivrai, selon la rigueur des lois, les distributeurs ou débitans d'exemplaires qui ne seront pas revêtus de ma signature.

RAPPORT

PRÉSENTÉ AU ROI,

LE 15 AOUT 1815,

ATTRIBUÉ A M. LE DUC D'OTRANTE,

RÉFUTÉ

PAR

M. GUÉAU DE REVERSEAUX DE ROUVRAY,

Chevalier de l'Ordre royal et militaire de Saint-Louis.

Descends du haut des cieux, auguste vérité,
Répands sur mes écrits ta force et ta clarté :
Que l'oreille des rois s'accoutume à t'entendre!

VOLTAIRE, *Henriade.*

DEUXIÈME ÉDITION.

PARIS,

J. G. DENTU, IMPRIMEUR-LIBRAIRE,

rue du Pont de Lodi, n° 3, près le Pont-Neuf.

1815.

AVERTISSEMENT.

—

Quoique le Rapport fait au Roi le 15 août dernier, attribué au duc d'Otrante, ait circulé *manuscrit* dans beaucoup de mains, il y a peu de jours que je suis parvenu à me le procurer. Je conçus sur le champ le projet de le réfuter. Pour que cette réfutation pût être mieux jugée, je me décidai à adopter la même forme que le duc d'Otrante, et à adresser un Mémoire à Sa Majesté, tel que je supposais qu'un ami de l'ordre et qu'un ministre éclairé, fidèle et vrai pourrait le faire dans les circonstances présentes. Ces deux pièces sont établies en face l'une de l'autre. Elles ne diffèrent donc que dans l'exposition des faits, que dans les vues et dans les sentimens. La comparaison sera facile à établir. Comme j'ai été obligé de suivre un cadre tracé, et de revenir souvent avec l'auteur sur les mêmes idées, j'ai expliqué ma pensée toute entière à la suite des deux Mémoires. Ce supplément n'entre point dans la réfutation. Il est par conséquent étranger à l'ex-ministre. Je pense d'ailleurs qu'on y reconnaîtrait difficilement son pinceau.

C'est la seconde fois que j'entretiens le public depuis quelques semaines, sur les grandes circonstances qui occupent la France. S'il a favorablement accueilli mon dernier ouvrage*, je sais apprécier

---

* *Réflexions politiques sur les moyens d'affermir le*

cette bienveillance à sa juste valeur. Je l'attribue toute entière à ma conscience.

Je sens qu'il est impossible, écrivant en politique aujourd'hui, de ne pas contrarier beaucoup d'opinions et de désirs. Les cendres de la révolution fument encore : nous sommes entourés de regrets et de craintes : je respecte les uns, je voudrais pouvoir calmer les autres. J'avais bien aussi mon espoir au 31 mars, mais j'ai vu la déclaration de Saint-Ouen, et j'ai dû modeler mes vœux sur la Charte. Depuis cette époque, le débordement s'est accru ; je tiens pour impossible qu'on fasse rentrer le fleuve

---

retour de l'ordre et de la monarchie en France, avec cette épigraphe :

O passi graviora! dabit Deus his quoque finem.
VIRG., *Æneid.*

Se trouve chez J. G. DENTU, Palais-Royal.

dans ses anciennes limites. Le sacrifice de mes plus belles années, comme de ma fortune est consommé. Je l'ai fait au Roi, pour qui j'ai versé mon sang ; à ma patrie, pour qui, dès mon plus bas âge, j'appris à me dévouer.

RAPPORT

PRÉSENTÉ AU ROI,

LE 15 AOUT 1815.

RAPPORT

DE M. LE DUC D'OTRANTE.

—

Sire,

Je viens d'exposer à V. M. la situation de son royaume dans son rapport avec les armées étrangères. Les désordres dont j'ai eu l'honneur de lui rendre compte sont passagers. La résignation les adoucit, le temps les réparera, la cause en est connue. Mais il y en a d'autres plus graves, dont je veux mettre le tableau sous ses yeux. La France est en guerre avec elle-même; nous sommes menacés de tous les maux qui peuvent naître du soulèvement des passions, du choc des opinions.

Tant de tempêtes politiques nous ont agités depuis vingt-cinq ans, on s'est jeté avec tant de violence dans des partis contraires, il en est résulté tant de dissentions politiques et privées, tant de divergence dans les actions, dans les vœux et dans les craintes, qu'il ne suffirait plus de rallier les volontés, si l'on ne rallie en même tems les opinions en mettant la paix dans les cœurs, en assurant le repos de tous les intérêts.

MÉMOIRE

PRÉSENTÉ AU ROI.

—

Sire,

Les traces que les armées étrangères laisseront dans vos états, ne tarderont point à disparaître à l'aide de l'administration bienfaisante de V. M. Les charges que les circonstances commanderont encore pour long-temps, les sacrifices mêmes que les Souverains exigeront de vos sujets pourront être effacés dans le cours de peu d'années. La France possède dans sa population, dans ses produits territoriaux, dans son industrie et dans sa situation au milieu des peuples européens, une inépuisable source de richesse qu'il n'est pas en leur pouvoir de lui arracher.

Mais il est des maux plus réels, plus incurables et bien plus dangereux auxquels la France est en proie. Après avoir servi tour à tour de prétexte et d'aliment à nos discordes civiles, maintenant ils sapent le trône et menacent de détruire l'ordre social que V. M. est venue rétablir parmi nous. Ce qui rend ces maux plus menaçans, c'est qu'ils ont un caractère moral ; ils naissent du partage d'opinions et de la di-

Tout est danger ou obstacle dans les élémens dont nous sommes environnés. La plupart des hommes énergiques qui ont combattu et renversé les derniers pouvoirs n'ont cherché qu'à mettre un terme à la tyrannie; tout gouvernement arbitraire les compterait de nouveau parmi ses ennemis. Ce n'est pas seulement pour la lutte de deux gouvernemens, c'est pour la différence des principes que la guerre s'est allumée dans la Vendée : on pose les armes, mais la guerre n'est pas éteinte, une opposition de la même nature agite et désunit toutes les classes de citoyens, et jusqu'aux membres de chaque famille. Elle a son foyer dans les passions les plus ardentes, dans le désir comme dans la crainte de voir triompher les anciennes opinions.

Les malheurs publics ne font qu'augmenter nos désordres. Les deux partis s'aigrissent par leurs reproches et leurs menaces de réactions, ou se provoquent par leurs espérances. Tous se soumettent au Roi, tous auront du moins le même langage de la soumission : mais les uns demandent comme une condition de leur fidélité que les droits du peuple soient

vergence de vœux comme d'intérêts qui existent en ce moment entre les Français.

Tout est crime, impéritie ou mauvaise foi
dans les élémens dont nous sommes environnés. La plupart des hommes qui prétendent
avoir contribué au renversement des derniers
pouvoirs n'avaient d'autre but que de s'en
emparer. Tout gouvernement qui chercherait
à prendre la saine morale pour base de son
affermissement, compterait en eux autant de
rebelles. Il n'est aucune classe de citoyens,
aucune famille qui ne recèle de ces hommes.
L'ambition, la cupidité, le désir de conserver
des places éminentes, afin d'éloigner d'eux
la honte et le reproche : tels sont et leur politique et leurs seuls mobiles.

Il s'est établi deux partis en France depuis
vingt-six ans : celui des opprimés d'un côté,
celui des oppresseurs de l'autre. Le dernier
ne cesse de crier à la réaction, et d'assigner
un terme au règne de V. M. S'il affecte envers
vous le langage de la soumission, c'est afin
de mieux conspirer. Non content de vous avoir
vu adopter les effets de la révolution, il demande pour condition de sa fidélité que vous

maintenus; les autres, au contraire, veulent
rétrograder, et que tout soit remis en question, afin que l'état présent décide en leur faveur tout le passé. Enfin l'on dirait, sous le
rapport de l'opinion publique, que la France
renferme deux nations aux prises l'une avec
l'autre. Il ne faudrait qu'un degré de plus de
fureur pour dissoudre le lien social, et il suffirait de quelques fausses mesures de la part
du gouvernement, pour produire un embra-
sement général. Il y a, sous le rapport de l'o-
pinion publique et du choc des passions, des
nuances distinctes entre les divers départemens, entre les citoyens et l'armée, entre les
partis et les factions. Les esprits sont plus
calmes dans le centre de la France, l'obéissance y sera plus prompte, mais il faut faire
une classe à part de la capitale; celle-ci n'est
plus et ne peut plus être la règle ni l'image
des provinces, depuis qu'une opinion factice y
prend si facilement la place de l'opinion
réelle. Chaque parti y trouverait des auxiliaires et des complices pour un triomphe
momentané, et l'on aurait tout à craindre de
ses moindres agitations, tandis que son repos
le plus parfait en apparence, ne peut donner
qu'une faible sécurité.

en adoptiez les coupables principes. Pour cacher ses intentions séditieuses, il en suppose à vos plus fidèles serviteurs, il les calomnie, et bientôt il voudrait présenter comme révolutionnaires les martyrs mêmes de la révolution! Enfin, l'on dirait, sous le rapport de l'opinion publique, que la France renferme deux peuples ennemis. Vous seul, Sire, pouvez les réconcilier. Sans doute il existe des nuances distinctes entre les divers départemens et les diverses classes de la société. Le caractère moral affecté par la nature aux habitans de chaque région, et plus encore l'intérêt particulier de chaque individu, expliquent ces diverses nuances. La capitale n'est plus et ne peut plus être elle-même, car dans les agitations elle devient le rendez-vous et le foyer de tous les agitateurs. Si elle semble jouir aujourd'hui de la sécurité la plus profonde, demain elle peut devenir l'arène où une lutte sanglante s'engagera pour ranger de nouveau la France sous l'empire de l'anarchie. L'opinion réelle y est toute pour V. M. : l'opinion factice tient au secret des révolutionnaires, aux sophismes et aux déclamations à l'aide desquels ils cherchent encore à égarer le peuple.

Le Nord a montré de la modération, et V. M. en a reçu des preuves d'attachement; le caractère de ses habitans le rend difficile à agiter. Un régime constitutionnel sous le gouvernement des Rois, remplirait les vœux des départemens du Nord. L'Ouest offre un effrayant contraste : Un grand nombre d'individus dans la Vendée, dans le Limousin et dans le Poitou, sont dévoués au Roi; mais, depus vingt ans, soit erreur, soit passion, ils confondent la cause de l'ancien régime avec la cause royale. Un zèle imprudent regarderait peut-être comme un avantage de pouvoir compter sur cette population armée, sur ces paysans crédules, simples, ignorans, qu'une longue guerre a rendus soldats, et qui obéissent à leurs chefs avec la plus parfaite soumission. Cette erreur doit fixer l'attention de V. M.; l'emploi de ces soldats, l'appui de cette armée, perdraient sans retour la royauté, parce qu'on y verrait le projet évident de placer la contre-révolution en France.

Il ne faut pas croire néanmoins que l'opinion soit réunie vers le même but dans ces départemens : On y a formé des fédérations armées, une partie des villes est opposée aux campagnes, et les acquéreurs de biens natio-

Le caractère de franchise et de bonne foi des habitans du Nord, les a préservés de la contagion. S'ils ont versé des larmes au départ de V. M., s'ils l'ont accueillie avec acclamation à son retour, c'est qu'ils ont cru à sa parole royale, et qu'ils ont vu dans la Charte la garantie de leur bonheur futur. Ceux que j'ai considérés comme oppresseurs pendant le cours de la révolution, s'efforcent de déclarer que le dévouement des départemens de l'Ouest est en opposition avec le régime constitutionnel. Ils colorent des noms de crédulité, de simplicité et d'ignorance l'attachement que les habitans de la Vendée ont pour votre personne. Ils cherchent à persuader que leurs armemens sont en opposition avec les principes reçus, comme s'il n'était pas toujours au pouvoir du Monarque d'arrêter les bras de ceux qui, depuis vingt ans, n'ont cessé de dévouer gratuitement pour lui, et leur fortune, et leur famille, et leur existence !

Ce qui donnait néanmoins un caractère de division d'opinions, et de la plus horrible guerre civile dans ces départemens, c'est que partout on est parvenu à ébranler la confiance des acquéreurs de biens nationaux, et à leur persuader que l'intention de V. M. était de les dépouiller.

naux y résisteront à qui voudrait les déposs-
séder ?

Le royalisme du Midi s'exhale en attentats ; des bandes armées pénètrent dans les
villes et parcourent les campagnes. Les assas-
sinats, les pillages se multiplient, la justice
est partout muette, l'administration partout
inactive, et il n'y a que les passions qui agis-
sent, qui parlent et qui soient écoutées. Il est
urgent d'arrêter ces désordres, car bientôt la
résistance, justement provoquée par tant
d'excès, serait aussi exaltée que l'agression.
Le bas peuple, la majorité des cultivateurs,
une partie de la bourgeoisie des petites villes,
la population entière des protestans et des
religionnaires, les départemens des Pyrénées
ne veulent ni troubles ni réactions. L'Auver-
gne, quoique soumise, n'a que des opinions
constitutionnelles : à Lyon, deux partis sont
en présence.

Du côté de l'Est, l'Alsace, la Lorraine,
les trois Evéchés, les Ardennes, la Champa-
gne, la Bourgogne, la Franche-Comté, le
Dauphiné, offrent un autre genre de danger.
Une opposition morale au gouvernement de
la dynastie royale, y est presque générale-

Les peuples du Midi doivent à l'ardeur de leur soleil des passions plus violentes et des sentimens plus exaltés. Depuis les Albigeois jusqu'à nos jours, chaque lutte d'opinions s'y est manifestée avec fureur. Je ne chercherai pas à approfondir si les égorgemens n'y sont pas devenus, dans ces derniers temps, l'affreuse représaille des égorgemens antérieurs ; si les menaces et les injures n'ont pas servi de réponses à d'autres menaces et à d'autres injures. Chaque parti, sans doute, a des crimes à expier et des torts à se reprocher. Le seul moyen d'arrêter ces désordres est de faire un choix éclairé des fonctionnaires publics que V. M. y enverra ; de désigner pour cela des hommes justes et impartiaux, fermes et à-la-fois persuasifs ; des hommes qui soient animés envers leur pays, de cet amour que V. M. montre pour tous ses sujets.

S'il est des provinces qui ont manifesté contre votre gouvernement une opposition plus marquée, ce mouvement a été beaucoup moins le fruit d'une opinion raisonnée que celui de la séduction et des craintes qui leur ont été inspirées. Ce qui fortifie cette assertion, c'est que les pays que l'usurpateur a traversés pour se ren-

ment établie. Envahis deux fois par l'étranger, ces départemens ont plus souffert que les autres. Ils avaient plutôt gagné que perdu par le commerce continental. La quantité de leurs domaines nationaux leur fait craindre davantage les prétentions de leurs anciens possesseurs. C'est aussi dans ces provinces que quelques fautes des anciens ministres du Roi, jugés avec précipitation, avaient excité le plus d'alarmes : c'est-là que la guerre a été la plus nationale.

Je n'ai fait entrer que les opinions dominantes dans ce tableau : aucune de ces opinions n'est cependant sans mélange : la noblesse et le clergé, si l'on excepte la Vendée, n'ont de parti nulle part : on est révolté dans toute la France, des excès que commettent dans le Midi les bandes qui se disent exclusivement royales; leur existence même est un état de rébellion. On a partout en horreur le fanatisme, la guerre civile et toute opinion contre-révolutionnaire. On trouverait à peine un dixième des Français qui voulût se rejeter dans l'ancien régime, et à peine un cinquième qui soit franchement dévoué à l'autorité légitime. Cela n'empéchera pas que la grande majorité ne se soumette sincèrement à

dre dans la capitale, sont ceux qui ont paru le plus se féliciter de son retour ; car tout y avait été mis en œuvre bien plus qu'ailleurs pour arriver à ce triste dénouement.

En vain l'on sonderait la profondeur des passions humaines pour présenter à V. M. le tableau incorrect des diverses opinions. Je n'imiterai point le zèle trompeur de ceux qui vous diront que la noblesse et le clergé cherchent à se créer un parti. La noblesse vous est dévouée par honneur, par principes, par amour et par habitude. Ses sentimens pour vous ont surpassé de beaucoup la fureur que les révolutionnaires ont depuis vingt-six ans déployée contre votre auguste famille. Le clergé a sa religion ; cette religion, Sire, est la vôtre. Ces deux classes ont cessé de faire corps dans l'État. Si jamais cependant, un noble ou un prêtre manifestait des intentions opposées aux vôtres, ou des intérêts étrangers aux intérêts de votre

V. M. en sa qualité de chef de l'Etat. Cette soumission sera durable, elle prendra même avec le temps le caractère de l'amour et de la confiance, si la France est constamment gouvernée par les idées libérales, éminemment constitutionnelles, et entièrement nationales.

Dans la supposition d'une guerre civile, les royalistes absolus domineront dans dix départemens ; dans quinze autres, les partis se balanceraient : dans tout le reste de la France on trouverait quelques poignées de royalistes à opposer à la masse du peuple ; il y aurait des élémens suffisans pour former une armée royale ; mais combien durerait la résistance et même la fidélité de l'armée sur laquelle on aurait le plus compté ?

Il y a aussi un assez grand nombre d'anciens nobles ou assez de partisans de la Cour dans chaque chef-lieu de département pour y former une apparence d'opinion publique et même une majorité assurée dans les colléges électoraux. Il faut en conclure que le parti de la noblesse est encore quelque chose, quand les fonctionnaires publics emploient tous les

peuple, ils devraient être punis, et punis plus sévèrement qu'aucuns de vos autres sujets, parce que les torts doivent toujours être mesurés sur la proportion des obligations de ceux qui les commettent. Il n'y a d'opinion générale et vraiment dominante en France, qu'en faveur du repos, d'un gouvernement constitutionnel, et de l'irrévocabilité de la vente des domaines nationaux.

Ce sont des perfides que ceux qui supposent la possibilité d'une guerre civile en France. La guerre civile ne peut exister sous un gouvernement juste et ferme. La justice est le caractère essentiel de V. M. Elle sentira que dans les grandes circonstances où elle se trouve, la justice ne pourra avoir d'effet que lorsqu'elle l'appuiera par une égale fermeté.

Par suite du système calomnieux et mensonger à l'aide duquel on a égaré le peuple depuis la révolution, on attribue à un esprit de parti dominant en faveur de la noblesse, les opinions raisonnables qui ont pu se manifester dans divers lieux et dans diverses réunions d'hommes. Est-ce donc pour travailler au rétablissement de quelques droits surannés et abusifs, que tant de plébéiens ont déployé au-

ressorts du gouvernement pour le soutenir. Est-il privé de cet appui? la population l'absorbe; des erreurs graves à ce sujet, pourraient circuler autour du trône, et c'est pour cela que je m'attache à les faire remarquer. J'aurai d'autres occasions de caractériser l'esprit public, je dois auparavant parler de l'armée.

L'armée est soumise par divers motifs : Dans les-uns, cette soumission est un retour sincère à leurs devoirs envers le Roi; dans beaucoup d'autres, un effet de la nécessité, dans le plus grand nombre, un sacrifice fait au repos de la France. Elle est maintenant blessée et humiliée de se voir disloquée et licenciée; cette armée a été celle des invasions et des conquêtes, le repos lui sera difficile.

Une ambition démesurée de fortune l'avait rendue aventurière; n'ayant eu à sa tête, et pour général, que le chef belliqueux de l'Etat, elle ne pourra de long-temps oublier ses anciens drapeaux; devait-on chercher à la mettre en harmonie avec les autres armées de l'Europe, en lui donnant des idées modestes, un point d'honneur moral et monarchique, une sorte de religion pour la légitimité, ou bien était-il indispensable de la dissoudre?

tant d'énergie que de noblesse dans la lutte qu'ils ont soutenue contre le pouvoir impérial? Que les hommes vertueux de toutes les classes se sont déclarés en faveur de la Charte constitutionnelle ? Est-ce pour le rétablissement des dîmes et des droits de chasse, que tant de simples habitans des campagnes se sont félici-tés de ne plus voir leurs enfans arrachés de leurs bras et changés en *chair à canon?*

La soumission de l'armée est bien plutôt l'effet de l'impulsion du soldat que de la volonté de l'officier. Le soldat tient à sa famille, à son champ. On peut dire que la dislocation de l'armée de la Loire dont les officiers ont été abandonnés par leurs soldats, atteste en faveur du mode de recrutement connu sous le nom de conscription.

Beaucoup de jeunes officiers ont appris, dans ces derniers temps, à séparer les devoirs du soldat des devoirs du citoyen. Voilà ce qui a fait dire à Buonaparte que les sous-lieutenans l'avaient appelé. Il était indispensable de donner à l'armée une nouvelle création. Quand, en 1792, on voulut détruire dans l'ancienne armée le respect religieux qu'elle avait pour son Roi, on la fondit dans les bataillons de gardes nationaux ; on changea ses drapeaux ; on lui donna des habits bleus.

Cette dernière question ne devra pas se décider par les lois d'une rigoureuse justice; il
a fallu consulter l'art de gouverner, l'avenir et
la raison d'état.

Moins il restera d'anciens officiers ou d'anciens soldats dans les nouveaux corps qui vont
se former, plus il s'en trouvera au milieu du
peuple, dans les rangs des mécontens et dans
les séditions. On n'obtiendra pas de long-temps
qu'une nouvelle armée soit étrangère aux intéréts de l'ancienne.

Les troubles civils deviendront bien plus
graves avec des élémens plus orageux, et s'il
survient un choc entre les factions, tout se
trouvera comme préparé pour la guerre civile.
Dans les moins fâcheuses des suppositions, le
licenciement de l'armée va servir de recrutement au brigandage, et il est impossible de
ne pas trouver un sujet d'effroi dans le seul
mal de rejeter dans une population électrique
et déjà si agitée, deux cent mille hommes unis
à tant de familles, et que l'on aura mis en
opposition avec le gouvernement. Aucune autorité ne peut résister à cette immense coalition de malveillance, de haines, de passions,
d'intéréts froissés et révoltés.

La raison d'état aujourd'hui est dans l'expérience récemment acquise. L'art d'assurer l'avenir tient à réguraliser le présent, car l'avenir est la conséquence naturelle du présent.

Les officiers mécontens qui se trouveront au milieu du peuple ne seront que des individus. Il sera facile de les réprimer, au moyen d'une bonne et nombreuse gendarmerie, et d'une administration vigilante. Avec des officiers dévoués qui agiront sur leurs subordonnés au nom de l'honneur et de la patrie, la nouvelle armée sera bientôt constitutionnelle et dévouée au Roi.

Il ne peut y avoir de troubles civils, il ne peut exister de chocs entre les factions, car V. M. maintiendra la Constitution qu'elle a donnée à ses peuples. Ceux des soldats licenciés qui répugneront à se livrer à un travail quelconque entreront dans la nouvelle armée, et en prendront en peu de temps l'esprit sous l'empire d'une discipline sévère. S'il est des officiers rebelles, le gouvernement fortifiera encore à leur égard la puissance des lois par la privation de leur traitement. Aucune coalition de malveillance, de haines, de passions, d'intérêts froissés ne peut se former, si les dépositaires de l'autorité sont des hommes à talens et dévoués.

Un autre danger viendra de l'opposition des opinions politiques, des partis et des factions.

Il y a des traîneurs dans la marche d'un siècle et dans celle de la civilisation; les lumières mêmes ont des détracteurs, et quand elles entraînent à des changemens trop précipités ou trop étendus, il en naît des résistances et de longues agitations. Le grand combat de la révolution n'est pas encore terminé par vingt-cinq ans de bouleversement.

Aucune des anciennes factions n'étaient encore éteintes quand l'invasion de l'usurpateur est venue ressusciter tous les partis, en a fait éclore de nouveaux, et a mis à découvert toute l'étendue des factions.

Pour ne parler d'abord que de la simple différence des opinions, si cette différence est extrême, et si elle produit une espèce de déchirement dans l'État, l'autorité a beau gouverner dans le sens de l'opinion qu'elle croit dominante, une autre opinion vient l'entraver et se prétendre l'opinion publique.

On ne régnerait pas long - temps si l'on

C'est ainsi que toutes les opinions politiques se réuniront sous l'empire des circonstances, pour ne faire plus dans quelque temps qu'un même faisceau autour du trône.

Il y a toujours des oppositions à la suite des révolutions, car les révolutions ne s'opèrent qu'avec le renversement des préjugés et le froissement des intérêts. Il faut pardonner à la vieillesse de se refuser à perdre ses anciennes habitudes. La France ne peut que présenter encore long-temps le spectacle d'une mer qui vient d'éprouver une violente tempête. Les vagues s'y agiteront encore, lors même que le calme aura succédé à l'orage.

Sans doute les passions se sont réveillées à la vue de l'usurpateur. Il a suffi de son retour pour remettre en action la révolution toute entière.

Quand le Monarque abandonne au peuple le droit de faire des lois, et quand le Monarque consent à n'être que l'exécuteur de ces mêmes lois, l'opinion publique devient bientôt l'opinion constitutionnelle.

* Il n'y a que les gouvernemens despotiques qui sont obligés de consulter l'opinion pour

n'avait pour soi que cette minorité, puisque l'appui même de la majorité laisse encore subsister la plus forte résistance. De la part des uns, le sacrifice de ces opinions sera difficile ; de la part des autres, il sera impossible.

Il ne restera donc qu'à bien choisir et qu'à faire triompher la raison et la justice sur des vieilles passions et sur d'anciens préjugés.

De pareilles contrariétés se rencontrent sans doute dans les autres états de l'Europe, mais elles ne portent pas sur d'aussi grands intérêts, elles ne s'y joignent pas à tant d'autres oppositions.

Après ce danger vint celui des partis, sans compter les royalistes, que l'année 1815 retrouve tels qu'ils étaient en 1789. Dans ces anciens partis subsistent encore les républicains et les constitutionnels. Si les républicains n'ont pas été détrompés de tous leurs principes, ils ont du moins reconnu l'impossibilité de les appliquer à un grand Etat, et ont cessé par là d'être dangereux pour le pouvoir monarchique. Ils ne le sont devenus pour Buonaparte qu'à cause de la tyrannie, et sauf un

régner. Sous les monarchies constitutionnelles,
la loi fait l'opinion, et devient un frein insur-
montable aux passions.

Le choix de V. M. est fait. Elle a rejeté un
pouvoir illimité, pour s'investir d'un pouvoir
bien plus doux pour les sujets et bien plus réel
en lui-même. Celui qui naît du concert de la
partie qui obéit, avec la partie qui ordonne.

Qui sait si, pour arriver au point où nous
sommes maintenant, les autres États de l'Europe n'éprouveront pas à leur tour des convulsions semblables aux nôtres ?

Il est fort heureux qu'en France, il y ait en
1815, des royalistes de 1789 : c'est une preuve
que beaucoup de royalistes ont échappé à la
faux révolutionnaire. A très-peu d'exceptions
près, ceux qui n'étaient pas royalistes en 1789,
ne peuvent l'être en 1815. Mais, à l'exception
des fous, il n'est pas un royaliste en France,
qui ne sente qu'il ne peut plus l'être comme
il l'était il y a vingt-six ans. Or les fous n'ont
jamais été à craindre pour les gouvernemens.
Si on excepte, d'une part, un très-petit nombre
d'hommes délirans et entêtés, d'autre part, un

bien petit nombre d'exceptions, vouloir trouver aujourd'hui des buonapartistes dans les
rangs des républicains, ce serait commettre
une grande erreur. Ils n'en sont pas moins
opposés au gouvernement du Roi, ayant de
la peine à croire qu'une dynastie qui a tant
souffert de la révolution, et qui l'a si long-
temps combattue, puisse se résoudre, soit à
oublier et à pardonner, soit à démentir les
anciennes doctrines en donnant des garanties
suffisantes à la sûreté publique. Ce seul motif les a portés récemment à participer à toutes
les mesures qui tendaient à écarter les Bourbons.

Qu'une digue impossible à rompre sépare
le passé du présent, que la liberté publique
soit affermie sur des bases immuables : à ces
conditions, on n'aurait jamais rien à redouter des républicains, ils deviendraient même
les plus francs auxiliaires du gouvernement.

Les constitutionnels sont en partie dans
cette acception : seulement qu'ils sont opposés
aux royalistes, et qu'ils défendent entr'eux
les droits du peuple, tels qu'ils ont été réta-
blis pendant la révolution ; mais tout n'a pas
été illusion ou crime depuis vingt-cinq ans.
On a fait cesser des crimes, des abus et d'o-

certain nombre de séides et de fanatiques que l'armée renfermait, il n'y a vraiment jamais eu ni républicains ni buonapartistes en France ; mais il y existe une foule de révolutionnaires, de grands coupables, et d'hommes qui se sont enrichis dans nos discordes civiles. Or, comme Buonaparte était l'héritier et l'agent le plus remarquable qui eût succédé à la révolution, il était naturel que les révolutionnaires s'attachassent à son char. Par un motif contraire, ils devaient repousser V. M. et sa dynastie ; ils désiraient vivre sous l'empire d'un gouvernement illégitime, qui pût consacrer à la fois et le principe et l'effet de la révolution.

Ce serait à la fois faire une injure à V. M. et à la vérité, que de lui demander d'affermir la liberté publique sur des bases plus immuables. La Charte constitutionnelle offre, à cet égard, toutes les garanties morales et politiques.

Ce serait également vouloir établir des partis en France, que de supposer une opinion différente aux constitutionnels et aux royalistes. S'il existe, à cet égard, une dissidence, le temps et la force des choses les rameneront autour du trône de V. M. L'égoïsme et l'ambition sont les résultats de la révolution, comme ils en ont été les moteurs ; or, dans ce siècle d'é-

dieux priviléges, consacré de sages principes
et opposé de justes barrières à un pouvoir qui
n'était contenu que par lui-même. Ce n'est
pas sous ce rapport que nous sommes en opposition avec l'Europe; ce qu'une révolution
n'aurait pas produit, le seul progrès des lumières l'aurait obtenu, et aujourd'hui que la
France connaît ses droits, comment la faire
rétrograder? Il faudrait pour cela qu'il fût
au pouvoir de l'homme de détruire et d'oublier ses propres idées, de se faire d'autres
vérités, et de se créer un autre genre d'évi-
dence. Les constitutionnels rêvèrent aussi les
principes de la légitimité. On a fait en France
deux constitutions monarchiques depuis 1789 :
toutes les deux ont consacré le principe de
l'hérédité du trône; mais de ce que la naissance donne le droit de succéder au trône,
faut-il en conclure qu'elle donne un pouvoir
sans bornes? Perpétue-t-elle la manière de
gouverner, parce qu'elle perpétue la dynastie?
Et n'y a-t-il pas une distinction à faire entre
la désignation du prince et la nature de son
autorité? La première sans doute est réglée
par sa naissance : c'est aux lois nationales à
régler le pouvoir; voilà les principes des constitutionnels.

goïsme et d'ambition , qui peut chercher à distinguer les diverses nuances sous lesquelles ces
sentimens cherchent à se dissimuler? Les crimes
de notre âge nous ont interdit le droit de parler
des crimes d'un âge antérieur. Les abus des
temps présens ont effacé de beaucoup les in-
convéniens des abus et des privilèges des temps
passés qu'on s'est efforcé, et qu'on s'efforce
encore chaque jour d'exagérer. Sans doute il
serait facile de prouver que la somme des malheurs, et que la dose des calamités l'emporte
de beaucoup sur la masse des bienfaits que la
révolution a pu produire; les calamités sont
pour la génération présente. Les bienfaits seront pour les générations futures. Vous avez
sagement senti, Sire, qu'à la suite d'une révolution de vingt-cinq ans, il était physiquement
impossible de replacer les choses dans leur
ordre ancien. En rattachant le gouvernement
légitime aux principes nouvellement adoptés,
vous avez, en quelque sorte, lancé la génération actuelle dans les générations futures,
afin de lui faire recueillir les bienfaits dont je
viens de parler plus haut.

Ce parti cependant, on ne doit pas se le dissimuler, ce parti, quoiqu'il n'hésite pas à se soumettre, n'a pas cessé depuis une année d'être en opposition avec le gouvernement du Roi. En 1814, c'était principalement les constitutionnels qui censuraient sans ménagement; qui attaquaient sans relâche la plupart des mesures et des actes de l'autorité : quand une pareille lutte s'établit, quand on parvient à y associer la multitude, une révolution n'est pas éloignée.

Cette opposition fit découvrir une foule de partis qui ne s'étaient pas encore montrés. On dit généralement que le règne des Bourbons ne serait pas d'une longue durée, qu'une crise allait survenir, ou par quelqu'entreprise de la cour, ou par un soulèvement du peuple. Les uns parlaient alors d'appeler au trône un prince étranger, d'autres se prononçaient pour le duc d'Orléans, un plus grand nombre encore pour la régence. Il semblait qu'une espèce de révolution morale était déjà faite dans les cœurs et dans les esprits, et cette circonstance, jointe à la trahison, n'explique que trop bien la facilité avec laquelle Buonaparte s'est remis sur le trône, et l'impossibilité où la cour s'est trouvée de le défendre.

Il y a eu et il y aura toujours des opposans envers le gouvernement. Ces opposans, quand ils sont de bonne foi, peuvent même servir à éclairer sa marche. L'avenir réclamera moins de surveillance et moins d'habileté que le présent. Il s'agit maintenant de faire rentrer chacun dans le cercle auquel il appartient dans la société. Chaque jour contribuera à remplir le but, et les mouvemens séditieux ne pourront prendre de caractère menaçant, si V. M. daigne promener des regards observateurs sur le choix et les talens des agens de son gouvernement.

Il n'a existé d'autres partis pendant votre absence que celui des révolutionnaires d'autrefois, auxquels se sont adjoints une foule d'ambitieux dont la cupidité n'avait pas encore été satisfaite. La mollesse que vos ministres ont apportée dans leurs fonctions, l'année dernière, et l'occupation des places par une foule de malveillans, annonçaient assez la crise et rendaient le moment favorable. Des bruits sinistres se sont faits entendre impunément. C'était pour préparer le retour de Buonaparte. Aucune révolution morale ne s'est faite dans les cœurs, et il est vrai de dire que si votre gouvernement eût été plus ferme l'année dernière, s'il n'eût pris pour intermédiaires entre lui et le peuple, que des hommes de bonne-foi, la France, de-

Dans un autre moment non moins décisif, celui où Buonaparte venait de donner son abdication, la même opposition au gouvernement du Roi s'est de nouveau manifestée dans le parti constitutionnel avec encore plus de force que la première fois. Que ne puis-je épargner les détails à V. M. ? mais comment sauver la monarchie si le mal n'est pas approfondi, et si on ne connaît pas tous les dangers? Il n'y a point de prince étranger que, dans ce moment, ce même parti n'eût préféré d'obtenir ou de recevoir de la main des puissances. La prévention était portée à un tel point, qu'il n'y avait plus qu'une seule exclusion; elle était pour la famille de nos anciens Rois. V. M. ne peut s'empêcher de regarder comme un acte séditieux la déclaration de la chambre des représentans qui tendait à régler le pouvoir royal avant que le trône fût occupé; la vérité est cependant qu'une multitude de Français partageait le même aveuglement et la même résistance, parce qu'ils avaient les mêmes craintes; chacun demandait des conditions, chacun redoutait les réac-

puis sa longue existence, n'aurait pu compter
de momens plus heureux. Malheureusement les
révolutionnaires ont eu honte de leurs crimes
passés ; ils ont appelé l'usurpateur comme un
objet de justification pour eux. La trahison de
l'armée lui a ouvert la barrière.

Il est donc naturel qu'au moment de la dernière abdication, cette opposition au gouvernement de V. M. se soit manifestée avec encore plus de force. Des torts nouveaux étaient
venus accroître les torts anciens. Ce fut à bien
plus juste titre qu'on en crut alors la mesure com-
blée. Votre inépuisable bonté prouve chaque
jour la fausseté de ces calculs ; mais il n'appartient qu'à Dieu de réconcilier les hommes avec
leurs consciences. Ce n'était donc plus pour
établir une forme de gouvernement plutôt
qu'une autre qu'on cherchait à se perdre dans
le dédale d'une législation nouvelle : c'était
pour exclure le prince que la nature, les lois
et la justice appelaient à régner. La chambre,
qui se disait celle des représentans, mais qui
n'était déléguée que par une minorité factieuse
ou abusée, partageait avec ses commettans le
même aveuglement et la même résistance ; tous
avaient un commun intérêt ; tous exhalaient les
mêmes vœux. Par l'effet d'une tactique adroite,
à l'aide de laquelle on a circonvenu la multitude

tions et les vengeances ; on voulait des garanties, non contre V. M., dont on connaît la sagesse et la modération, mais contre les prétentions si bien connues et tant de fois annoncées de ceux qui, par leur accès auprès du trône, peuvent avoir un jour l'occasion, et peut-être même le pouvoir de les faire triompher.

Que d'obstacles ne produira point cette fatale disposition des esprits ? Je ne suis entré dans ces détails si pénibles à entendre, que pour arriver à cette conséquence : les actes du gouvernement seront attaqués de nouveau; ils le sont déjà, et le contrôle, sous le rapport des principes, passe pour un droit, et même pour un devoir, quand il est exempt de mauvaises intentions. Les doctrines politiques sont aujourd'hui si généralement répandues en France, que le peuple croit pouvoir en être le juge : une demie liberté, des concessions partielles paraîtraient aussi insupportables que le pouvoir le plus absolu; elles exciteraient les mêmes commotions. Ce que j'ai déjà dit de l'esprit public des départemens a montré dans quelles provinces le parti constitutionnel domine plus ou moins : ce même parti se fait aussi remarquer davantage dans certaines classes de citoyens.

l'année dernière , la calomnie ne se dirigeait
pas contre le Roi ; ses actes étaient assez con-
nus , même du vulgaire : elle se déchaînait
toute entière contre son illustre famille. Ce
moyen , moins direct , mais plus astucieux , est
celui dont on n'a cessé de se servir depuis le
retour de V. M. pour ébranler son trône et abu-
ser ses peuples.

Cette fatale disposition des esprits se détruira
d'elle-même. Tout dépendra , je le répète , du
nerf que déploiera le gouvernement , et du degré d'habileté et de persuasion qu'emploieront
ses agens. Jamais opposition ne se manifeste
sans quelque chance de succès ou d'impunité.
Qu'importe le contrôle particulier , quand la
nation représentée par les deux chambres se
trouve de la partie ? Il n'est pas question d'une
demi-liberté ; c'est une liberté toute entière
dont V. M. a investi le peuple , mais elle doit
s'en rendre désormais le ferme et immuable ré-
gulateur.

Les familles anciennement riches sont en général plus dévouées au Roi ; il en est ainsi dans les tribunaux parmi les gens de justice et dans le haut commerce : c'est au contraire la grande majorité de la petite bourgeoisie, des marchands et des petits propriétaires, qui est constitutionnelle, parce qu'elle a pris plus de part à la révolution. Les acquéreurs des biens nationaux et les familles des militaires ajoutent une grande force à ce parti, mais ce qui lui donne sur-tout une prépondérance ir-résistible, c'est la masse des paysans, aujour-d'hui très-éclairés et dans l'aisance, ennemis irréconciliables des nobles et du clergé, et dont la révolution a évidemment amélioré le sort. La passion fait des calculs différens sur la face des partis, ce qui est facile quand on compte le peuple pour rien.

Je ne mets pas les buonapartistes au nom-bre des partis ; il n'y a, il ne peut plus y avoir de buonapartistes, si ce n'est dans une pe-tite partie de l'armée ; ce n'est point par at-tachement pour l'homme de ce parti, c'est encore moins par fidélité, qu'on a vu dans le

Si la mesure du dévouement au Roi se trouve
en proportion avec les richesses, cela fait l'é-
loge des institutions royales, car les riches ont
bien plus que les pauvres les moyens d'approfondir, de juger et de comparer en matière de
gouvernement. J'ai fait sentir plus haut que
ceux qui se disent constitutionnels, sans l'être
dans le sens de la charte, ne peuvent être considérés que comme des anarchistes. Sans doute
la révolution a amélioré le sort de beaucoup de
paysans, mais on a par des calomnies égaré
leur esprit. Quand les paysans ne seront plus
entourés de fonctionnaires publics qui abuse-
ront de leur crédulité, ils cesseront de détester
les nobles et les prêtres ; car cette haine n'a
été établie que pour servir de contre-poids à
l'influence que leurs vertus et leurs sentimens
leur faisaient naturellement exercer au milieu
du peuple. Ce peuple alors cessera également
de croire que Buonaparte reviendra régner un
jour à l'aide des Turcs et des Noirs.

Sans doute la majeure partie des buonapartistes se trouve dans l'armée, et Buonaparte
n'est encore à l'égard de ceux-là qu'un chef de
parti et qu'un point d'appui et de ralliement.
J'ai expliqué plus haut les causes de son retour :
celles du rétablissement momentané de son
pouvoir sont les mêmes. Ceux qui ont servi

mais de mars une partie de la France s'associer pour un moment à ses destinées. Il ne dut
ce succès qu'à nos discordes qui le firent regarder par les uns comme un libérateur, par
les autres comme un instrument, et cet instrument donnait bien plus de craintes que
d'espérances. Il n'y a point de parti sans
chef; Buonaparte n'a eu trois mois une
nouvelle existence que par des évènemens qui
ne peuvent plus se renouveler. Tout ce qui
pourrait être resté de buonapartistes se trouve
donc rejeté et confondu dans les vœux des
constitutionnels et des républicains.

J'en viens aux factions; c'est précisément
sous ce rapport que se trouve le danger de
notre situation. Il est évident qu'il y a deux
grandes factions dans l'Etat; l'une défend
les principes, l'autre la contre-révolution. La
force de ces deux factions est à mesurer; d'un
côté sont les nobles et le clergé, les anciens
possesseurs de biens nationaux, les émigrés,
les anciens royalistes, ce qui reste des anciens
parlemens, des hommes éclairés qui de bonne
foi, parce qu'ils n'ont rien appris depuis
vingt-six ans, ne peuvent comprendre comme
leur ancienne science serait un défaut.

dernièrement l'homme de l'île d'Elbe , se réuniraient demain au parti du dey d'Alger , s'il paraissait être le plus puissant en France.

J'ai dit que les victimes et les sacrificateurs forment réellement les deux seuls partis qui existent encore parmi nous. Il est facile de déterminer celui auquel chacun appartient. Mais ce qui est aussi absurde que ridicule , c'est d'entendre chaque jour les révolutionnaires reprocher à leurs ennemis de n'avoir rien appris depuis vingt-six ans, comme si la nouvelle théorie ne s'était pas bornée en France depuis ce terme à supporter tour-à-tour tous les genres de despotisme et d'anarchie, à secouer toute idée de religion et de morale , à se dépouiller des principes du devoir et du véritable honneur, à augmenter sa fortune au dépens de celle de l'Etat, à faire servir les crimes les plus exécrables à son élévation , à se rendre le jouet des circonstances , et à les employer habilement au bénéfice de son ambition, de son orgueil et de sa cupidité.

Un certain nombre encore, qui ne pouvant pardonner ce qu'ils ont abhorré, ou qui, préférant à tout le repos, n'espèrent le retrouver que dans l'ancien régime ; enfin, les individus et écrivains passionnés qu'un esprit de haine pousse toujours aux mesures violentes, aux partis extrêmes. De l'autre côté est la presque totalité de la France, les constitutionnels et les républicains, l'armée actuelle et le peuple, toutes les classes des mécontens, et même une multitude de bons Français, non moins éclairés qu'attachés au Roi, mais qui sont convaincus que toute tentative de contre-révolution, que même une simple tendance à l'ancien régime serait le signal d'une explosion semblable à celle de 1789, et aurait le même résultat.

Il ne s'agit plus ici de simples opinions, une des factions est en mouvement ; les hostilités commencent ; la Vendée est organisée ; des troupes se lèvent dans le Midi, et déjà des bandes se sont montrées dans le Languedoc et dans la Provence. On cherche aussi à agir sur l'opinion dans la capitale, même ceux qui désirent une contre-révolution le disent ouvertement, ce qui est une manière d'y préparer les esprits. Plus loin, un royalisme

Ceux qui préfèrent le repos à tout, ne sont pas dangereux ; ils n'allumeront point les torches de la guerre civile dans l'intention de rétablir l'ancien régime. Il est difficile de changer les caractères passionnés, parce que ces caractères tiennent à des dispositions physiques. Il ne serait pas plus facile d'inoculer aux écrivains des idées étrangères à leurs opinions. Le ministère public doit cependant exercer sa surveillance sur ceux qui tendent au renversement des lois, à réveiller les passions et à insulter à l'autorité. L'immense majorité des mécontens dans toutes les classes sont des hommes égarés que le temps et de nouvelles habitudes ramèneront insensiblement, pour peu que V. M. s'entoure de bons élémens.

Si la Vendée s'est organisée, c'était pour s'opposer à la violation de son territoire, et voler à la défense du Roi, s'il était attaqué ou si les anarchistes se présentaient pour renverser la charte. Les troubles du Midi ont un caractère criminel. V. M. a ordonné de les réprimer avec toute la sévérité des lois. Dans la capitale, les révolutionnaires publient que les royalistes ont des intentions hostiles ; c'est afin de cacher les leurs. Cela tient au système de calomnie inventé depuis nos malheurs. Chaque parti af-

exalté répand ses doctrines et ne dissimule pas ses projets. L'autre faction, qui regarde l'exécution de ces projets comme impossible, n'agit point encore, mais cette inaction se prolongera-t-elle long-temps? Et qu'arrivera-t-il si le combat commence? Dans de si grandes circonstances, mon devoir est d'exprimer toute ma pensée à V. M.

Tant que la France sera occupée par des troupes étrangères, leur présence pourra contenir jusqu'à un certain point le parti populaire. Les autorités royales pourraient aussi, par leur vigilance, retarder le danger ; mais le moment viendrait où toutes les digues seraient renversées. Une guerre civile, quand la cause du Roi en est le prétexte, peut durer un peu plus long-temps, mais à la fin, la masse du peuple l'emporte.

V. M. est plus convaincue que personne qu'on ne peut revenir aux anciennes doctrines de la monarchie ; tous les élémens de l'an-

fecte toujours de redouter pour lui le mouvement qu'il cherche à produire contre le parti qui lui est opposé.

Il n'y a que le séjour des troupes étrangères sur notre territoire qui comprime aujourd'hui les ennemis de la monarchie. Si ces troupes nous abandonnaient entièrement, au même moment le trône disparaîtrait. Cette vérité est la conséquence naturelle du retour d'un ordre de choses raisonnables. Il est une classe nombreuse d'hommes pour lesquels la fin d'une révolution est une révolution d'autant plus funeste, qu'elle anéantit pour eux toute espérance. Mais aussitôt que l'armée de V. M. sera formée, que les rouages de son gouvernement seront établis, le danger disparaîtra ; l'opinion fera chaque jour des progrès ; tout mouvement populaire qui pourrait entraîner des suites sérieuses ne pourra avoir lieu.

Personne n'est plus convaincu que vous, Sire, de l'impossibilité de ramener la monarchie à ses formes anciennes. En effet, l'ancien Gou-

cien régime ont disparu. Il n'y avait point alors de droits nationaux reconnus, mais le pouvoir était modifié par les mœurs, il était comme réglé et contenu par les habitudes et les usages, il n'y avait pas de lois fixes, il y avait des maximes de gouvernement, il y avait un code inviolable de modération, de douceur, d'équité et d'urbanité, aucune passion n'était déchaînée, chacun était façonné à sa situation, on la supportait sans regrets.

Une seule remarque peut faire juger de la différence de ces temps au nôtre : un impôt de plus ou de moins faisait la réputation d'un intendant, la gloire d'un ministre, l'éclat d'un règne. Dira-t-on que la France n'en etait que plus heureuse ? Il restera alors à expliquer comment la révolution fut préparée pendant ce temps de bonheur ; mais à quoi bon ces discussions ? L'ancien régime ne peut se rétablir. La plus grande faute des gouvernemens c'est de ne pas distinguer ce qui est possible de ce qui ne l'est pas. Faire la guerre pendant tout un règne, ce n'est pas régner.

Pour ne rien taire à V. M. sur ce sujet, je lui dirai encore qu'aucune conspiration particulière ne la menace dans ce moment. Nos dangers ne viennent que de notre situa-

vernement est le seul qui ne puisse pas être donné à un peuple qui est en révolution depuis un quart de siècle. Le changement des mœurs, celui des habitudes, l'établissement de nouveaux intérêts, la création d'une nouvelle génération : tels sont les motifs qui produisent cette impossibilité.

Toute discussion sur les anciennes formes monarchiques devient inutile aujourd'hui. Nous n'avons de lumières à chercher que dans les causes de leur renversement. Ces causes, nous les trouvons dans l'impéritie, dans la prodigalité et dans la faiblesse des hommes qui ont administré la France pendant cinquante ans. Rarement les lois sont en défaut. L'ordre social d'une nation repose dans le choix des hommes qui sont destinés à le maintenir. Ce ne sont pas les peuples qui produisent les révolutions. Ce sont les mauvais ministres qui les amènent.

Si la police est bien faite, si le Gouvernement s'empare de toute l'action qu'il doit avoir, aucune conspiration ne sera entreprise contre V. M. Maintenant que la responsabilité des mi-

tion ; mais on peut concevoir par la pensée une conspiration d'un succès infaillible, et dont les desseins ne pourraient être prévenus ni arrétés ; ce serait celle d'un ministre ou d'un parti de la Cour qui, par l'erreur la plus grossière, ou par un aveugle dévouement à la cause royale, conseillerait ou favoriserait un plan de contre-révolution. Tout plan de cette nature renverserait de nouveau le trône avec fracas, et détruirait peut-être jusqu'à notre dernière espérance, la dynastie de nos Rois.

On fait souvent une fausse remarque au sujet de l'ancien régime, en disant que les Français qui ont supporté la tyrannie de Buonaparte, supporteraient bien plus facilement toute l'étendue du pouvoir royal. On se trompe en cela, de plusieurs manières, parce que la tyrannie de Buonaparte n'a jamais été bien connue de l'étranger. Sa tyrannie n'a pas été notre ouvrage, mais celui de l'Europe. Ce sont les souverains qui l'ont consolidée par leurs traités, par leurs alliances, et même par leur amitié ; et quand nous lui résistions, les autres peuples se rangeaient sous ses aigles, ou s'humiliaient devant lui ; toujours plus effrayé de l'intérieur que du dehors, il

nistres est consacrée, le peuple ne peut craindre qu'ils empiètent sur ses droits, au mépris de la Charte. Toute supposition contraire est déraisonnable et ne peut que cacher des intentions perfides de la part de ceux qui l'admettent.

Éloignons ce fantôme que l'on désigne tantôt du nom de contre-révolution, tantôt de celui de réaction, tantôt de celui d'ancien régime. Il en est qui parlent de la tyrannie impériale pour repousser la tyrannie fantastique que vous ne voulez et que vous ne pouvez pas faire peser sur vos peuples. Le despotisme de Buonaparte a été moins son ouvrage que la conséquence nécessaire de la révolution, dont il était le produit et le résultat. Sans doute s'il n'eût pas été conquérant, il n'eût pas régné. Il fallait, pour qu'il régnât, qu'il sortît en quelque sorte la nation hors d'elle-même, et qu'il ne lui laissât pas le temps de se reconnaître. Il trouva les principes consacrés, et sous lui comme avant lui,

savait bien que s'il avait de armées contre les Rois, il n'avait aucun pouvoir contre l'opinion publique. C'était par l'obéissance des étrangers qu'il essaya de nous courber sous le joug. Il a marché à plus d'une victoire pour avoir un moyen de plus de réagir sur la France. Vainqueur au dehors, inquiet au dedans, tout rassemblement du peuple, toute assemblée publique le faisait trembler. Enfin, il n'a cessé de trouver au milieu de sa Cour et dans ses conseils des hommes de courage qui, sans désobéir au monarque, bravaient au moins le despote. En supposant même qu'on eût souffert plus patiemment sa tyrannie, pourrait-on s'attendre aujourd'hui à la même soumission? Il avait fait prendre le change à la liberté en la remplaçant par la gloire. On n'avait rien à craindre sous son règne, ni du clergé, ni des nobles, ni des émigrés, et s'il est parvenu à compromettre ou à nous ravir plusieurs de nos droits, c'est pour cela même que tous les rapports de l'opinion sont maintenant tendus pour les défendre.

V. M. a pu en juger par tout ce qui s'est passé depuis quinze mois. Des millions d'hommes ont péri pour retarder la chute

la révolution était considérée comme une banque dans laquelle il fallait prendre une action, sous peine d'être humilié et calomnié. Le clergé, la noblesse et les émigrés continuèrent à être regardés comme les ilotes de notre âge. Il y eut cependant cette différence, qu'au lieu du carnage des échafauds, nous eûmes un carnage bien plus général, celui des champs de bataille.

Toutes les opinions doivent se réunir sur ce point, que le rétablissement de ce qu'on appelle ancien régime amènerait un bouleversement

de l'ancien régime : il faudrait causer encore de plus grands maux pour le rétablir.

Notre état d'envahissement est une nouvelle source de divers dangers : les uns concernent en partie les souverains ; les autres ébranlent en ce moment le pouvoir du Roi.

Les ravages se multiplient et les subsistances s'épuisent. Sous ce rapport, la tranquillité publique n'a qu'une durée bien incertaine. Le mot impossible s'applique à tout; il y a dans les mœurs des bornes qu'on ne peut dépasser. Les contributions étant taries ou suspendues, on ne pourra faire face aux dépenses ; ce sera une nouvelle source de désordres. En viendra-t-on aux contributions de guerre? comment et de qui les exigera-t-on? La plupart des contribuables ont déjà perdu leurs meubles et leurs bestiaux ; plusieurs ont perdu leurs habitations : c'est à main armée qu'il faudra achever de les dépouiller. La perception de chaque parcelle de l'impôt ne se fera que par un combat. Le mal s'aggrave encore par le séjour des armées étrangères, et cependant les souverains ne songent pas à les retirer de la France, avant d'avoir des garanties de notre repos, parce que leur tranquillité est liée à la nôtre. Nous devons désormais être ensemble en paix ou en

dont l'œil le plus clairvoyant ne peut entrevoir ni la fin ni les conséquences.

Il est certain qu'il était difficile à V. M., pendant l'envahissement de ses états, de travailler efficacement au rétablissement de son autorité.

Mais maintenant les armées étrangères semblent se disposer à évacuer notre territoire : elles n'y laissent qu'une portion de troupes destinées à assurer notre tranquillité jusqu'à ce que vous l'ayez assise sur des bases immuables. Ce ne sera qu'après que ce mouvement sera effectué que nous pourrons juger l'étendue de nos désastres. Quelque funestes qu'ils puissent être, je les crois exagérés et par l'orgueil et par l'esprit de parti. Plus d'un individu déplore moins les pertes que l'invasion lui a fait éprouver, que le résultat qu'elle amènera dans son sort politique. Un jour ces individus ouvriront les yeux. Vous avez été, Sire, le régénérateur de la France. Une nouvelle tâche s'offre pour vous ; elle est dans votre cœur paternel : il vous reste à en être le consolateur.

guerre, dans les malheurs ou dans les prospérités.

Mille obstacles nouveaux naîtront de l'état où on laissera la France. Tout aura été anéanti, la fortune publique et les fortunes privées ; tout nous aura été enlevé : nous sortirons de cette guerre comme d'un naufrage. A quel prix on aura obtenu de jouir du gouvernement du Roi ! Ce moment sera-t-il celui de l'obéissance ou de l'amour, ou celui des plaintes ? Les cœurs seront aigris ; les passions déjà exaltées seront encore plus inflammables. La guerre, l'oppression, les exemples d'inhumanité ont toujours eu pour résultat de rendre les mœurs plus violentes et de produire un nouveau degré d'immoralité et de perversité dans le cœur de l'homme : celui qui tue aujourd'hui un ennemi, mais qui s'enrichit par ce meurtre, tuera un jour son concitoyen par la même cupidité. On n'a pas calculé non plus les suites qu'aura ce rassemblement de tant de peuples inconnus l'un à l'autre et mêlés ensemble. Il n'y aura plus ni famille, ni patrie, ni lois dans ce monde nouveau. La civilisation est suspendue : l'éducation de ces peuples déposera par tout un ferment destructeur, un funeste élément dont on ne tardera pas à reconnaître les effets pernicieux.

Il n'est aucun obstacle qui ne disparaisse, aucune calamité qui ne s'oublie ou se répare sous l'empire d'un bon gouvernement. Les fortunes privées et la fortune publique, qui n'en est que la réunion, tiennent en France au produit du sol et à l'industrie de ses nombreux habitans. J'ose dire que ce serait un bien mauvais gouvernement que celui qui n'y serait pas adoré en peu d'années, à la suite de ceux dont nous avant fait tant d'essais pernicieux. Si désormais notre malheureux pays est appelé à vivre en repos avec lui-même, quel est l'homme raisonnable, le père de famille surtout, qui pensera que nous ayons acheté trop cher la fin de nos révolutions?

Dans cette malheureuse situation dont il n'y a jamais eu d'exemple, quels biens pourra tenter V. M.? Elle s'affligera avec les peuples, et sa tendresse n'oubliera rien pour les consoler. Cependant il faudra s'attendre à une opposition bien plus vive que dans les temps ordinaires, et l'autorité sera bien plus faible, puisqu'elle aura besoin d'être consolatrice. Si l'on parlait alors de réactions, tout un peuple s'écrierait : N'est-ce point assez de malheurs publics ? *Et si l'on menaçait de restreindre la liberté, le peuple la défendrait avec une nouvelle énergie, comme le seul bien que l'ennemi lui aura laissé. C'est un peuple de mécontens, c'est un peuple agité que V. M. aura à gouverner.*

Il est vrai, Sire, que les qualités personnelles de V. M. feront disparaître ou applaniront une grande partie des obstacles. Elle est aimée et respectée. La confiance qu'elle inspire est notre principal moyen de salut. Mais les destinées de la France ne sont pas dans ses seules mains : de fatales préventions sont établies ; on a fait craindre à un peuple défiant les règnes qui suivront ceux de V. M. ; on se demande si l'on sera toujours gouverné avec la même modération, et l'on opposera toujours une barrière inviolable aux préten-

Le peuple porte toujours un jugement sain sur les événemens, lorsqu'il n'est pas égaré par des déclamateurs : il juge des choses par comparaison. Quand les premières plaies seront cicatrisées, quand il aura contracté l'habitude du repos, loin de regretter le temps passé, il n'en parlera qu'avec effroi. Il détestera la mémoire de ceux qui l'ont égaré. Dans quelques années, V. M., loin de rencontrer des mécontens parmi ses sujets, n'aura plus à recevoir de tous qu'un tribut de bénédictions.

Sire, il a été impossible de dissimuler au peuple que vous lui aviez accordé de votre plein gré la véritable liberté, dont on fit le prétexte spécieux des convulsions politiques dans lesquelles on l'a entraîné. Cette conviction dont chacun était frappé a empêché la calomnie de se déchaîner contre V. M., mais elle a été toute dirigée sur les princes de votre auguste sang. On les a peints comme étrangers à vos sentimens, à votre système de gouvernement, et à cette bonté magnanime, qui cependant est une portion d'héritage qu'ils ont re-

tions nobiliaires et au retour de l'ancien régime ; si les principes religieux s'uniront toujours avec la même tolérance ; si la fermeté
sera toujours tempérée par l'indulgence et
la bonté. Un instinct naturel porte tous les
peuples à prévoir tous les maux et les biens
qui les attendent ; et, dans leur bonheur
comme dans leur inquiétude, ils comparent
toujours le règne présent avec les règnes qui
suivront. J'en fais la remarque, parce que
cette circonstance a une influence inévitable
sur les dispositions des esprits, et que, dans
certaines occasions, elle rend le gouvernement
plus facile, dans d'autres elle lui crée des
obstacles, et même elle l'empêche de s'affermir.

Jetons un dernier coup-d'œil sur la France,
après le départ des étrangers. Sera t elle en
paix au-dedans ? le combat des opinions
aura-t-il cessé ? les haines seront-elles éteintes ? Il s'agit d'une nation sensible et fière,
mais inquiète, vaine et jalouse. La liberté et
l'égalité ont jeté de profondes racines dans
les cœurs.

L'ancienne noblesse et le clergé, en perdant
leurs biens, ont perdu toute aptitude à rede-
venir des corps politiques dans l'Etat. Toute
dispute sur les principes excitera des troubles,

cueilli comme vous de vos illustres ancêtres. La malveillance a voulu persuader qu'au 19e. siècle, et chez la nation la plus civilisée et la plus populeuse, l'un de vos successeurs pourrait rendre à la monarchie sa forme ancienne. On n'attaque pas vos lois. On craint seulement qu'elles ne soient pas durables. Vous êtes le premier législateur qui ait reçu cet hommage. Ces craintes perfides appartiennent au secret de la révolution. C'est pour la prolonger qu'on en suppose une future. Quel est le prince de votre sang qui, oubliant ses malheurs et les nôtres, consentirait à se replonger avec nous dans de nouvelles tourmentes politiques? En aurait-il même la faculté? Les mânes de Louis XVI ne l'arrêteraient-elles pas?

Cherchons à lever le voile qui couvre l'avenir. Que deviendra la France après le départ des étrangers? Les opinions seront-elles réunies? Les haînes seront-elles éteintes? De nouveaux préjugés et de nouvelles habitudes remplaceront-ils ceux que la révolution nous a donnés?

Vous avez approuvé la résolution de la question prononcée déjà depuis long-temps contre la noblesse et le clergé. En effet, ces deux classes, sous une monarchie constitutionnelle, ne

parce qu'il s'agira d'une dispute pour ou contre l'opinion publique. Dans les temps ordinaires, on fait peu d'attention aux mécontens ; il est facile de contenir les séditieux ; mais dans notre situation, tous les genres d'opposition, toutes les plaintes seront des querelles de peuple à gouvernement. Ce mal sera encore envenimé par la misère générale. Nos finances seront détruites ; il faudra réduire les dépenses et ôter leur subsistance à des milliers de familles. Avant de trouver des fonctionnaires propres à la situation des esprits, il faudra placer et déplacer, et pour chaque nomination les partis opposés seront encore en présence. C'est toujours par le choix de ses auxiliaires que l'autorité laisse découvrir ses desseins les plus cachés. Viendront après les dangers inséparables d'une représentation nationale, et ceux de la liberté de la presse, sans laquelle cependant il n'y aurait point de liberté publique.

Le pire de tous les maux sera l'immoralité, funeste fléau qui détruit les nations, qui vicie les esprits comme les cœurs, et qui dénature l'esprit public. Enfin l'on aura à combattre, d'un côté, l'opposition d'un parti nombreux et redoutable, qui ne laissera aucun repos à l'autorité, aussi long-temps qu'il aura des

peuvent former aucun corps politique dans l'État. Ce privilége ne peut appartenir qu'à la Chambre des pairs. Nous ne devons redouter aucune querelle de peuple à gouvernement, puisque le peuple, dans la Chambre des députés, forme une portion même du Gouvernement. Aussi la représentation nationale vous investit-elle d'une action bien plus forte et bien moins contestable. Il s'agit seulement d'en régulariser et d'en diriger l'emploi. Les impôts ne pourront exciter d'opposition réelle, puisqu'ils seront consentis par les contribuables eux-mêmes. Les Chambres, composées de propriétaires, seront obligées d'obéir à la force des circonstances. Vos propres intérêts comme ceux de l'État sont maintenant devenus les intérêts de tous. Les haînes s'éteindront ; les préjugés s'affaibliront ; les hommes et les choses obéiront au mouvement universel que vous leur imprimerez.

L'anéantissement de toute morale et la corruption des cœurs sont les fruits inséparables de l'abandon de toute idée religieuse. Ce résultat est le plus funeste de la révolution. C'est aussi celui dont les traces seront le plus durables. Le temps les adoucira.

craintes pour la liberté publique et pour lui-même.

D'un autre côté, les prétentions d'un autre parti qu'aucune concession ne pourrait satisfaire, qui s'attache à la royauté, mais pour en partager la puissance, et qui sape et ébranle le trône, par cela seul qu'il le prend pour son point d'appui.

Je n'aurais pas eu la pensée de mettre cet affligeant tableau sous les yeux de V. M., si je n'avais eu à lui proposer en même temps quelques mesures et un plan de gouvernement qui pourraient contribuer à rendre notre situation supportable. On ne peut gouverner sans force physique ou sans force morale : la première ne peut se passer de la seconde, et l'une et l'autre nous manquent.

La manière dont on formera l'armée décidera implicitement d'autres questions. On exciterait un bouleversement général en laissant entrevoir, par cette formation, que le Roi ait le dessein de se faire une armée contre la liberté publique. Je l'ai déjà dit, il semble qu'il y ait deux peuples en France ; il faut se décider promptement à se les concilier, à se les attacher tous deux, sans quoi il s'allumerait une guerre qu'on ne pourrait plus étein-

V. M. n'aura jamais rien à craindre de ses anciens serviteurs. Ils ont affronté pour elle l'échafaud, l'exil, l'adversité, l'humiliation. L'honneur est leur consolation. C'est un héritage précieux qu'ils légueront à leurs enfans, comme ils l'ont reçu de leurs ancêtres. Il suffit du monarque pour leur faire aimer le trône.

Si le Gouvernement n'a encore recouvré aucunes forces physiques et morales, nul doute que ce dénuement ne soit dû à la mollesse des ministres, au peu de profondeur de leurs vues, à leurs mauvais choix, et à la défiance qu'ils ont inspirée à la nation. On eût dit, depuis le retour de V. M., qu'ils entrevoyaient de nouvelles destinées, et que d'avance ils cherchaient à s'y associer.

C'est à la conduite tenue en mars dernier par l'armée, que la France doit en ce moment ses factions, son déshonneur, et sans doute un traité onéreux. Le choix qu'on va apporter dans la composition de ses officiers décidera désormais de sa fidélité. Croire que V. M. aurait l'intention de se former une armée contre la liberté publique, ce serait imaginer qu'elle aurait un goût bien prononcé pour les révolutions; mais il lui en faut une entièrement

dre, et, quoi qu'il arrive, il faut au moins pour régner que V. M. soit avec la nation.

On ne s'est pas servi, à l'égard de l'ancienne armée, du moyen tout-puissant de la confiance. Il n'est pas question de conserver cette armée, il faut même changer jusqu'à ses dénominations, pour mieux rompre ses habitudes; mais ne serait-il pas utile, ne serait-il pas évidemment juste, en dissolvant les corps, de ménager autant que possible les individus?

Le licenciement pourrait être fait avec la prudence et les règles d'un esprit de famille. Il y aura peu de dangers à faire rentrer dans la société les soldats et les officiers qui le demandent eux-mêmes. L'alternative de rester dans l'armée ou d'en sortir pourrait être proposée. On inviterait ceux qui, en sortant, n'auraient besoin d'aucun secours annuel, à en faire la déclaration, de même qu'on inviterait les autres à demander seulement ce qu'il leur faut pour compléter leurs moyens d'existence. Tous ceux qui auraient trop de regret à quitter la seule profession qu'ils connaissent, seraient conservés si on pouvait s'assurer de leur fidélité.

Si le gouvernement adopte en toutes choses

passive et obéissante, pour maintenir l'ordre et arrêter les efforts toujours renaissans des révolutionnaires.

L'année dernière, vous ne fûtes que trop confiant, puisque vous formâtes exclusivement votre armée des débris de celle de Buonaparte. Déjà V. M., en attribuant des traitemens avantageux à ceux des officiers qu'elle n'emploierait pas, a fait à leur égard l'application d'une saine politique.

Le licenciement est déjà opéré. Il n'est pas un soldat qui n'ait quitté ses foyers avec regret ; presque tous y rentreront avec délices. Celui qui n'y trouverait pas de moyens d'existence reprendra du service. Ce n'est pas la volonté de l'officier qu'il faut consulter pour la fixation de son sort, mais bien le degré de confiance qu'il peut inspirer. Il ne s'agit pas de régler ce qui convient plus ou moins aux individus, mais bien ce qui doit garantir davantage et le salut et le repos de la patrie.

Si l'armée était infiniment réduite, elle ne

de sages principes , on n'aura besoin que d'une petite armée ; elle ne saurait être trop réduite , car alors il sera bien plus facile de lui donner un bon esprit. V. M. a prévenu beaucoup de difficultés en diminuant sa maison militaire. L'opinion publique voit avec peine qu'on emploie les Suisses. La solde qu'on accorde à un étranger est un moyen de subsistance qu'on enlève à un sujet de l'Etat. En général, et pour long-temps , il sera indispensable de rejeter toutes les mesures contre lesquelles il y aura une opposition dans l'opinion publique.

On ne peut laisser subsister les bandes du midi. Il faut aussi que la Vendée redevienne ce qu'elle était il y a quinze mois , et n'y plus voir, n'y voir jamais que des individus et des

serait pas en rapport avec la population. Elle serait d'ailleurs plus facilement gagnée. Les factieux détestent les régimens étrangers. Ils se rappellent en frémissant, que, le 10 août, un emploi mieux dirigé et plus énergique des Suisses, eût empêché Louis XVI de monter sur l'échafaud. V. M., en réformant une partie de sa Maison militaire, s'est détachée du seul avantage dont elle jouissait pour la conservation de sa personne, sur le reste des Souverains du monde. En vain l'on cherche à expliquer comment elle a pu repousser et méconnaître à ce point les services presque gratuits d'une portion de ses serviteursles plus dévoués. La réforme de 1775, n'en doutons pas, a influé sur l'histoire de nos jours. Quel affreux rapprochement faire entre cette réforme et celle d'aujourd'hui ! Dans un temps où le trône n'offre encore que des débris épars, où le Roi n'est entouré que d'écueils et de poignards, c'est une bien triste fatalité que celle qui l'a décidé à anéantir des corps qui se rattachent à nos souvenirs les plus glorieux, et dont les noms seuls sont un gage de la fidélité la plus inviolable !

On a perdu beaucoup de temps. La marche du gouvernement doit être prompte, sa surveillance continuelle. Tous les rouages doivent être remontés à-la-fois. Par-tout les hommes

citoyens. Les corps vendéens ont des opinions irréconciliables avec le repos de la France, une doctrine invétérée de pouvoir absolu, de spoliation de domaines nationaux et de rétablissement de l'ancien régime : on ne peut donc laisser la force publique dans leurs mains ; il y aurait une faction armée dans l'Etat. Cela n'empêchera pas d'accorder des faveurs, des places à ceux des Vendéens qui les auront méritées. Le gouvernement pourrait appeler quelques-uns des chefs, et les employer avec succès à remettre ces contrées dans l'ordre accoutumé.

L'organisation de la force morale exige que V. M. prenne une résolution ferme et immuable. Il faut partir du principe que l'opinion publique est entrée comme un élément nouveau dans l'art de gouverner, et qu'elle en a changé toutes les combinaisons. La France ne peut plus être gouvernée que par le régime constitutionnel. La question n'est plus d'étendre le pouvoir; la grande question est de le conserver et de pouvoir régner. Après cette première résolution, il faudra en venir à une seconde. Il y a deux régimes constitutionnels bien différens l'un de l'autre. Dans l'un, le Roi accorde le moins qu'il peut : alors tout devient obstacle, parce que

fidèles et revêtus de l'estime publique doivent être mis en place. C'est le seul moyen de détruire les incertitudes des uns, et d'affermir la confiance des autres. Il n'y a pas un moment à perdre pour la formation de l'armée, de la garde royale et de la gendarmerie. Aussitôt que ces organisations seront complettées, la France ne devra plus renfermer aucune force militaire qui leur soit étrangère.

Le système représentatif et la réunion des deux Chambres, donneront une grande force morale à V. M. Il est faux que l'opinion publique ait jamais été consultée par le gouvernement qui a précédé le rétablissement de la monarchie. Elle a été au contraire toujours dirigée par lui à l'aide de la calomnie et du mensonge, instrumens actifs qui imprimaient d'avance une direction dans le sens de la volonté impériale. Ainsi donc on dirigeait le peuple en le trompant. Maintenant il reste à l'éclairer pour le conduire. Rien n'est plus facile que d'atteindre ce but, et que d'instituer en France une opinion raisonnable et constitutionnelle. Ce secret tient uniquement à la composition

tout devient de part et d'autre un objet de dispute. Il a fallu plusieurs siècles à l'Angleterre pour obtenir l'une après l'autre des lois politiques, et cette lutte a plusieurs fois bouleversé l'Etat. Quand l'on rétrécit l'espace qu'on laisse à la liberté du peuple, le premier soin de celui-ci est de fortifier aussitôt le terrain; il s'entoure de nouveaux ouvrages à chaque danger nouveau, et il finit par en faire une forte citadelle : il aurait mieux valu, dès le principe, la lui accorder.

Dans le second état de régime constitutionnel, il y a un ministère homogène et responsable. Le monarque, qui est le dépositaire de toute la puissance et de toute la majesté nationale, est comme placé, au moyen de ce ministère, dans une enceinte impénétrable, à l'abri de toute agitation politique. La loi est également proposée par les chambres et par le gouvernement. Les trois branches de législation défendent les droits du peuple et les prérogatives royales.

La loi constitutionnelle se forme de la même manière que les lois ordinaires, et la base de cet édifice est une constitution dans laquelle on fait entrer scrupuleusement toutes les garanties de la liberté.

des nombreuses autorités qui couvrent sa surface.

Vous avez établi un régime constitutionnel, s'il doit recevoir quelques améliorations, ce sera de V. M., des Chambres, et d'un plus grand maître encore en fait de législation : je veux parler du temps. La responsabilité des Ministres est consacrée : c'est un juste point de tranquillité pour vos sujets : mais il ne faut pas qu'elle soit illusoire.

Toutes les garanties de la liberté publique et individuelle sont renfermées dans votre Charte. Maintenant, loin d'affaiblir votre autorité, il reste à la fortifier dans le cercle que vous lui avez prescrit. Si j'ose le dire, il faut. Sire, rendre à votre trône l'éclat qui lui manque, et dont il doit constamment être environné.

Sous ces divers rapports, je ne puis dissimuler que la nouvelle Chambre qui va se former peut donner des inquiétudes; elle ne serait aucun moyen de salut si elle n'était pas constitutionnelle, et si les opinions ultra-royalistes y dominaient.

Sous le rapport de l'union et de la pacification intérieure, V. M. aurait de grandes mesures à prendre. Toute union serait impossible avec des plans de réaction. Il y a eu des ordonnances d'exil; V. M. devait cet acte de répression à sa propre dignité, et chacun sait que d'autres circonstances ont pu encore nécessiter cette punition. Il est certain cependant que le parti constitutionnel a craint de voir, dans ces premiers actes de l'autorité, la couleur de tout un règne, comme il a cru voir ses principes dans les ordonnances sur les colléges électoraux.

[illegible]

Les diverses idées que j'ai l'honneur de soumettre à V. M. sont peu différentes de

Les révolutionnaires proclament que les deux chambres vont nous ramener à l'ancien régime. Ils affectent de craindre ce qu'ils désirent, parce qu'alors ils espéreraient, avec raison, sur une nouvelle révolution. Ce qu'ils craignent réellement, c'est l'exclusion de toutes les places, que les deux Chambres doivent prononcer contre eux.

Toute union sera impossible en France, tant que les grands acteurs de nos désunions et de nos discordes y resteront. V. M., dans ses Ordonnances d'exil, a eu moins à consulter l'intérêt de sa propre dignité qu'un intérêt bien plus impérieux, celui du repos de ses peuples. Qu'importe la conséquence que les révolutionnaires en ont pu tirer? ne suffit-il pas de les mettre hors d'état de nuire? Dans son Ordonnance sur les colléges électoraux, elle n'a dû obéir qu'à la nécessité de les réunir promptement. Si elle avait eu le temps d'agir dans le sens de la Charte, elle aurait trouvé dans les colléges électoraux une foule d'hommes qui ne devaient pas y figurer, et hors des listes d'électeurs formées par Buonaparte, une grande quantité d'individus qui auraient dû leur appartenir.

Il est vrai qu'il eût été facile, en 1814, de prévenir l'abîme de maux dans lequel nous

celles qu'il aurait été encore plus facile d'adopter en 1814, et le monde entier peut juger des changemens qu'un tel schisme aurait apportés dans notre situation et dans celle de toute l'Europe. Que de maux auraient été prévenus ! La même carrière est à parcourir, et les mêmes écueils sont devant nous. Le ciel semble avoir voulu réserver à V. M. la plus grande de toutes les gloires, celle d'avoir mis un terme à toutes nos révolutions.

En 1814, les hommes qui nous agitent aujourd'hui voulaient aussi frapper le passé, en ne songeant ni au présent ni à l'avenir. Osons le dire, le passé n'a jamais été d'aucune considération pour les grands princes ni pour les hommes d'Etat, que pour y puiser des leçons. Le présent et l'avenir sont les seules boussoles des gouvernemens. Ce n'est pas de ce qu'on a fait, ce n'est pas de ce qu'on a dit, mais de ce qu'on fait et qu'on dit qu'il faut s'occuper principalement. Les réactions ne sont plus dans nos mœurs, et dès qu'une goutte de sang vient couler dans une révolution politique, il n'y a plus aucune certitude qu'il n'en sera pas versé des torrens.

sommes engagés ; il ne fallait pour cela qu'un ministère plus clairvoyant. Il fallait sur-tout ne pas se flatter de terminer la révolution avec le secours des révolutionnaires. Tant qu'on voudra faire un élément de ces derniers, la France n'aura pas un moment de repos. Elle ne jouira pas d'une étincelle de bonheur.

Les hommes accoutumés à regarder la révolution comme leur patrimoine, ont osé faire, en 1814, leur apanage de la restauration. Non contens d'avoir dirigé le passé, ils ont encore voulu devenir les régulateurs du présent et de l'avenir. Ils appellent réaction les exclusions que l'opinion publique prononce contre eux. Quoi ! parce qu'ils ont abreuvé le monde de sang et de larmes depuis vingt-cinq ans, le monde ne peut-il plus se passer d'être gouverné par eux ? Ils affectent de craindre les excès qui pourraient entraîner des mouvemens populaires. Mais il est un moyen pour qu'il n'en existe plus. Sire, rappelez - vous que si Louis XVI eût banni deux cents coupables, votre frère, d'infortunée mémoire, régnerait, et huit millions d'hommes n'auraient pas disparu de la surface du globe !!!

Si, d'après les mesures que je propose, il y avait encore quelques résistances partielles, on les contiendrait par la vigilance et la fermeté. Cette dernière qualité fut toujours celle des grands rois : une autre qualité lui est cependant supérieure, la prudence. Les souverains, quelque grand que soit leur pouvoir, sont soumis à la commune loi de la nécessité. Il y a des temps où il faut calmer au lieu d'agir, où il faut tout concilier, rassurer et faire espérer. Deux doctrines sont opposées; commencer par décider laquelle sera suivie, et si nous voulons remonter contre le torrent, ou bien le descendre. S'il s'agit de remonter, il n'y a rien à attendre de la fermeté ; le despotisme même serait impuissant.

La fermeté n'est que dans la modération. L'immortelle Catherine trouvait que le mot justice était trop fort pour l'humanité, et qu'elle ne pouvait supporter que l'équité. Une fois que l'ordre sera rétabli, chacun sentira que l'indulgence sur le passé ne peut s'étendre au présent. La même fermeté, sous le double rapport et de force et de modération, s'appliquera à tous les actes du gouvernement, à toutes les parties de l'ordre public. On ne souffrira aucune déviation, aucune négligence. Tous les partis seront contenus, tous.

J'ai dit que les gouvernemens ne périssent jamais que par leurs fautes. Il est facile d'établir l'ordre chez une nation qui est fatiguée de désordres. V. M., en donnant un régime constitutionnel à la France, a tout concilié : elle a obéi à un torrent qu'elle eût remonté difficilement. Maintenant elle en trouverait la navigation mille fois plus périlleuse. Il y aurait de la mauvaise foi, il y aurait de la perfidie à mettre en problême vos intentions à cet égard. Vous avez apporté au milieu de nous la prudence d'un législateur. Maintenant il vous reste à user de la fermeté d'un père et à déployer la volonté d'un Roi.

Le caractère de modération de V. M. l'a décidée, l'année dernière, à s'interdire tout regard sur le passé. Maintenant qu'un horrible et nouveau dénouement est arrivé, il est des places auxquelles elle ne peut admettre personne sans consulter la conduite passée de ceux qu'elle y appellera. S'il est vrai qu'en matières politiques il y ait encore moins de conversions qu'en matières religieuses, quel gage les hommes peuvent-ils donner de leur conduite et de leurs opinions, si ce ne sont et leurs opinions et leur conduite passées ?

les écarts seront redressés ; on punira avec sévérité tous les individus qui se placeront en état d'hostilité envers le gouvernement.

Ces premiers succès ne suffiront point encore. En nous rapprochant de plus en plus de l'Angleterre sous le rapport de l'étendue de notre liberté civile et politique, nous aurons l'avantage de nous rapprocher aussi de ses distinctions sociales, dont les unes se rattachent à la forme du gouvernement, et les autres à l'éclat extérieur d'une nation. Il n'y a à sauver de la révolution française que les droits et les principes que le temps a consacrés, et il faut nous mettre en harmonie avec toute l'Europe, pour avoir le moyen de prendre part à tous les avantages de la civilisation générale. Une habile direction de l'instruction publique atteindra bientôt ce but important. Les mœurs reprendront aussi leur doux empire par les mêmes moyens ; l'amour de la patrie renaîtra à la première lueur d'une nouvelle prospérité. Le besoin de nous unir viendra de nos malheurs mêmes et de la nécessité de les réparer. C'est à cette union, c'est au bien qu'elle produira que nous devrons un nouvel esprit public.

FIN DU RAPPORT.

Vous avez conservé de la révolution les droits et les principes qu'elle avait cousacrés ; bientôt vous établirez parmi nous un système d'éducatiou monarchique qui préservera les enfans des écarts de notre âge. La religiou sera notre consolation, le trône notre appui. C'est moins dans les nations qui nous environnent que dans notre histoire et daus les mœurs de nos ancêtres que nous porterons nos recherches pour nous établir en harmonie avec nous mêmes. Le caractère national n'a été que voilé un moment. Il reprendra bientôt son empire. Les Français de la révolution se sont montrés tels qu'étaient les Français lors du siége de Paris, au temps de la ligue. Henri IV succéda à la ligue ; vous, Sire, vous succéderez à la révolution.

SIRE,

La tâche que je viens de remplir ne m'a pas permis d'exprimer à Votre Majesté ma pensée toute entière. Souffrez qu'un Français, aussi ami de son pays que fidèle à son Roi, élève sa voix et porte ses vœux jusqu'aux pieds du trône.

Votre Majesté, l'année dernière, revenue comme d'un long voyage, n'a pu reconnaître aucun des hommes qui l'ont entourée. Il n'en fut pas de même des choses : elles son immuables. Personne, Sire, n'en apportait plus que vous la connaissance. En France, autrefois, on servait le Prince pour lui et pour la patrie. Un jour, sans doute, ces mêmes sentimens se réveilleront au milieu de nous ; mais aujourd'hui, l'intérêt particulier est tout. On cherche à tirer parti des circonstances ; on se crée un appui dans ceux qu'on emploie. Pour cela, on ne consulte jamais ni le bien du service, ni le talent, ni le dévouement de l'individu ; on n'a d'égards qu'à l'homme qui le protège. Le soin des affaires est abandonné aux commis. Les commis sont encore ceux de Buonaparte. Le ministre fait son travail avec le Roi ; ce travail est ensuite régularisé dans les bureaux. Voilà les hommes d'état que jusqu'à ce moment VOTRE MAJESTÉ a rencontrés parmi nous. Ceux de 1814 doivent compte de nos malheurs à vous, Sire, à la France, à l'Europe même. De quel appauvrissement leur impéritie ne va-t-elle pas frapper votre royaume ? Quels changemens ne produira-t-elle pas dans les relations politiques du monde ? Quelle effrayante enquête les Chambres n'ont-elles pas à faire sur leur compte ? Qu'allégueront-ils, lorsqu'elles leur demanderont pourquoi la maison du Roi n'était ni formée, ni armée au bout de onze mois ? Pourquoi la plupart des intermédiaires entr'eux et le peuple étaient inhabiles ou infidèles ? Pourquoi ils ont repoussé les documens et les révélations qui les instruisaient d'avance de nos malheurs ? Pourquoi une croisière suffisante n'était pas établie autour de l'île d'Elbe et des côtes de la Provence ? Pourquoi les secrets de VOTRE MAJESTÉ ont été dévoilés, et la poste royale vendue à son

ennemi ? Pourquoi la police était inactive et
insouciante ? Par quelle fatalité le pouvoir militaire avait été laissé à des traîtres reconnus
pour tels ? Pourquoi aucune disposition n'avait
été faite depuis Antibes jusqu'à Paris pour arrêter la marche d'un aventurier, tandis qu'une
foule d'individus connaissaient un mois d'a-
vance son arrivée ? Pourquoi les trésors que
renfermaient les coffres royaux lui ont ils servi
à faire verser le sang des peuples, tandis qu'ils
eussent pu être emportés ou employés à acquitter les dettes de l'État ?

J'évoque pour un moment les mânes de
l'Hôpital, de Sully, de Richelieu, de Mazarin.
Je les place dans les importantes circonstances
où ils se seraient trouvés depuis le dernier retour de Votre Majesté. Ils sentent que le sort
de la France, que l'existence de votre couronne
tiennent au choix de ceux qu'ils appellent à
gouverner le peuple. Chaque jour ils emprun-
tent quatre heures sur leur sommeil pour faire
paraître devant eux les hommes qui réclament
à leur tour l'honneur de consacrer leurs veilles
à la patrie. Ils veulent les voir ; ils veulent les
questionner ; ils veulent les entendre. L'Hôpital
cherche si cet homme a de la *probité* et *de la religion* ; Sully, *s'il aime le Roi* ; Richelieu, *s'il a
des talens* et *de la fidélité* ; Mazarin, *s'il a du*

bonheur et *si déjà il a rendu des services.* Je vois ces quatre ministres donner leurs instructions à chacun d'eux : ils se promettent de les renouveler souvent, de correspondre eux-mêmes. Pour ne jamais être pris en défaut , ils ne s'entourent que de collaborateurs fidèles et dévoués. Ils rougiraient d'avoir autour d'eux des hommes dont les moindres sentimens fussent équivoques envers votre personne.

Sire , le temps et les méthodes ont changé tout à-la-fois. Le temps , vous n'en pouvez arrêter le cours ; mais les méthodes, vous pouvez les rappeler. Vingt-cinq années de délire et d'erreur ne peuvent abroger des principes qui reposent sur la vérité. En 1815, comme en 1814, ce n'est qu'à force de crédit et d'intrigues qu'on a pu franchir le seuil de vos ministères. Ni l'amour pour votre personne , ni les talens qui conviennent à chaque emploi, ni la fidélité la plus constante, n'ont été consultés. Un homme convenait, parce qu'il était protégé ; ses facultés et son dévouement se mesuraient sur l'élévation de son protecteur. Souvent, quel était ce protecteur? vos ministres, comme si tous étaient sortis de l'école de la révolution, ont rejeté ceux qui n'avaient pas paru avec eux sur les bancs de ce funeste lycée. Par des ordonnances de détail, ils ont paralysé jusqu'aux intentions de Votre Majesté. Il est quelques anciens officiers encore pleins de feu et d'énergie, dont on aurait pu faire d'utiles professeurs du véritable honneur, en qualité de commandans de place dans vos villes de guerre. Il s'en trouve encore à la fleur de l'âge, qui, sortis très-jeunes de France, ont porté long-temps l'habit de soldat chez les puissances étrangères. Dans vos régimens, ces derniers seraient des modèles de fidélité ; dans la gendarmerie, ce corps, qu'on peut regarder comme la sentinelle avancée du trône, un boulevard inébranlable contre les mouvemens populaires. Pour répudier à-la-fois les uns et les autres, on met à la retraite ceux qui ont plus de quarante-neuf ans et un jour d'âge ; on déclare que pour exercer un grade il faut être pourvu d'un brevet qui remonte au moins à deux ans de date. Quand on fait paraître l'ordonnance de formation de la gendarmerie, déjà les deux tiers des emplois de ce corps sont remplis.

Après le retour de Votre Majesté dans sa capitale, Sire, quarante mille citoyens se sont librement consacrés à la défense de votre personne. Ce ne sont point des mercenaires qui veillent aux portes de votre palais, ce sont les hommes les plus riches et les plus distingués, par l'éducation, de la cité la plus populeuse du conti-

nent. Tous sortent du sein de la mollesse pour
s'armer d'un fusil et se couvrir d'une giberne.
Au départ de Votre Majesté, ils frémissent de
ne pouvoir répandre leur sang pour elle ; ils
n'ont d'autre consolation que d'arroser ses mains
royales de leurs larmes. L'usurpateur reparaît ;
il change les officiers de cette garde fidèle ; il
en détruit l'esprit ; il en fait sortir vos amis ; il
y incorpore vos ennemis. Vous reparaissez de
nouveau. Les mêmes serviteurs sont animés
pour votre personne des mêmes sentimens ;
mais ils voient autour d'eux des hommes impurs ; chaque nuit ils les entendent, dans les
corps-de-garde, insulter à la majesté royale.
Que réclament ces soldats fidèles qui se dévouent si généreusement à la garde du trône,
qui voient la France tout entière dans la personne du Roi ? ils demandent à n'être plus
commandés par les agens de Buonaparte ; ils
veulent qu'on fasse sortir les traîtres de leurs
rangs. Cependant on repousse leur voix et on
les traite de factieux ! Je ne sais comment expliquer ce refus. Je n'ose pas davantage caractériser la négligence qui a forcé les gardes nationaux à élever leurs voix jusqu'à Votre
Majesté.

La réforme de votre maison militaire est une
victoire pour les uns, et un sujet de deuil pour

les autres. Ceux-là sont bien aise de voir anéantir *les livrées* qui ont fait l'éclat *de nos anciennes bannières.* Ceux-ci , pleins d'un amour religieux pour le trône, perdent en soupirant l'espoir de voir un jour leurs enfans l'environner. La formation d'une garde royale, composée de l'élite de vos soldats, était sans doute nécessaire. Vous aviez besoin, pour les commander, de ceux qui se sont dévoués autour de votre personne l'année dernière ; mais une fois les cadres de l'armée remplis, que deviendra la portion la plus nombreuse de la jeunesse, qui, à peine sortie de l'école, cherchera vainement à s'élancer dans la carrière militaire ? Répandue comme un flot tumultueux sur la surface de la France, plus d'une fois elle alarmera le gouvernement. Pour que VOTRE MAJESTÉ complète la tâche qu'elle s'est imposée comme législateur de son peuple , il faut qu'elle crée des institutions qui soient en rapport avec ses lois ; elle remplirait ce but à l'égard de la jeunesse, en formant en ce moment des écoles militaires dans lesquelles tous les enfans qui se voueraient aux armes seraient tenus d'entrer à un âge fixé. Ils en sortiraient ensuite pour passer dans des corps de cadets, tant à pied qu'à cheval, attachés à la maison du Roi ; ils y stationneraient pendant le cours de quatre ans avant d'être employés comme officiers dans l'armée, ou de passer dans la maison militaire que Votre Majesté remettra sur son ancien pied, sans doute, après un plus mûr examen. C'est ainsi qu'il s'établirait entre la maison du Roi et l'armée une chaîne continuelle qui bannirait toute source de jalousie. Les cadets jouiraient du grade honorifique de sous-lieutenans. Une discipline sévère les formerait à-la-fois à l'obéissance et au commandement. Les soldats de la garde royale seraient considérés comme maréchaux-des-logis et sergens. La jeunesse serait occupée ; elle serait élevée dans des principes monarchiques. L'adoption des mêmes sentimens nivellerait des hommes que déjà la fortune aurait rapprochés. En temps de guerre, la maison du Roi et la garde royale fourniraient les cadres, en officiers et sous-officiers, d'un état militaire triple de celui qu'on pourrait entretenir en temps de paix. C'est ainsi que Votre Majesté remplirait à-la-fois un but politique et militaire ; il attacherait les enfans à la monarchie, et les soustrairait aux principes révolutionnaires dont beaucoup d'entre eux hériteront s'ils sont élevés sous le toît paternel, et si leur adolescence est inactive ; il conserverait autour du Monarque la fleur de la nation ; il garanti-

rait aux armées françaises l'antique supériorité
que de tous temps elles ont due au nombre et
à l'instruction de nos officiers.

VOTRE MAJESTÉ est à l'instant de s'entou-
rer des deux grands corps de l'Etat. Leur but
est bien moins de vous proposer des lois que
d'affermir celles que vous avez données à la
France. Ils ne chercheront à obtenir aucune
concession du trône ; ils veulent, au contraire, lui rendre l'éclat qui imprime le respect,
et la force qui convient au commandement.
Mais il est encore une arme plus invincible qu'il
n'appartient qu'à VOTRE MAJESTÉ de s'attri-
buer. Je veux parler de la force d'opinion qui
commence par régir les volontés, et finit par
enchaîner les cœurs. VOTRE MAJESTÉ l'acquer-
rait en se faisant sacrer au milieu de sa capitale, environné des deux Chambres et des premiers magistrats de son royaume. Là, il se fe-
rait un pacte solennel entr'elle, les princes de
son auguste sang et la Nation. Ce pacte uni-
rait indissolublement les deux familles. Alors,
la malveillance cesserait d'établir en problême
l'état futur et politique de la France ; toute
source d'égaremens envers le peuple serait en-
levée aux agitateurs.

Je ne finirai pas cet écrit sans plaider devant

VOTRE MAJESTÉ la cause du monde entier. Je veux appeler la mort sur les traîtres, et l'ostracisme sur les grands coupables de 1815. Que Rome et Venise cessent de nous parler des conjurations qui ébranlèrent leur puissance. Celle qui vient de s'élever au milieu de nous était bien plus générale dans le nombre de ses artisans, bien plus désastreuse dans son mouvement, bien plus effrayante dans ses résultats. Elle menaçait de détruire la civilisation. Il s'agissait de renverser avec votre dynastie toutes les autres dynasties, de changer la face des peuples, d'anéantir la fortune des nations et de couronner le crime. Quoi! depuis l'embouchure de l'Obi jusqu'à celle du Tage; depuis les bords de la Tamise jusqu'à ceux du Pô, l'Europe se sera levée pour venir reconstruire au milieu de nous un temple antique qu'elle sortait à peine de relever de ses ruines. Nous en connaissons les nouveaux incendiaires, et nous les laisserions au milieu de nous! La France renferme des assassins; il faut qu'elle rachète leurs forfaits auprès des autres nations : elle n'éloignerait pas ces mêmes assassins pour les mettre dans l'impossibilité de commettre des attentats nouveaux! L'illustre descendant de celui qui ne souffrait aucuns blasphémateurs parmi ses

sujets, consentirait à régner sur ces monstres!
Nous-mêmes vivrions au milieux d'eux, et nous
léguerions un tel scandale à notre postérité!

Je mets dans la balance d'un côté le sort de
quelques centaines d'hommes, de l'autre celui
de vingt-six millions d'hommes agités depuis
un quart de siècle.

Punir le crime, c'est la raison d'Etat; ré-
compenser la fidélité, c'est la science de gouverner.

Sire, l'Europe est près de vous; vos sujets
vous contemplent; l'histoire vous attend!!!

Mais déjà Votre Majesté, par le choix
qu'elle vient de faire de ses ministres, a rappelé
l'espérance dans nos cœurs. Les vertus de l'un
d'eux offrent maintenant à l'Europe une sûre
garantie de nos transactions politiques. Après
avoir porté l'éclat de son nom dans des rives
éloignées, et les avoir fécondées de son génie,
il était temps qu'il revînt acquitter au sein de
la patrie la dette d'une famille qui, chaque
siècle, nous fournit un grand homme. La France
s'énorgueillit d'avoir produit dans l'autre un
modèle d'honneur et de fidélité. Maintenant le
trône, si cher à tous les bons Français, ne
pourra plus être mis en problême. Biéntôt,

Sire, vos sujets, garantis de toute crainte, oubliant leurs calamités passées, ayant vu briser entre vos mains les derniers élémens de la révolution, n'auront plus d'autres vœux à former que pour la prolongation du règne de Votre Majesté.

FIN.

www.ingramcontent.com/pod-product-compliance
Ingram Content Group UK Ltd.
Pitfield, Milton Keynes, MK11 3LW, UK
UKHW020021100726
13658UKWH00003B/1020